RESTER

LAURENT CHARDON

Poursuite

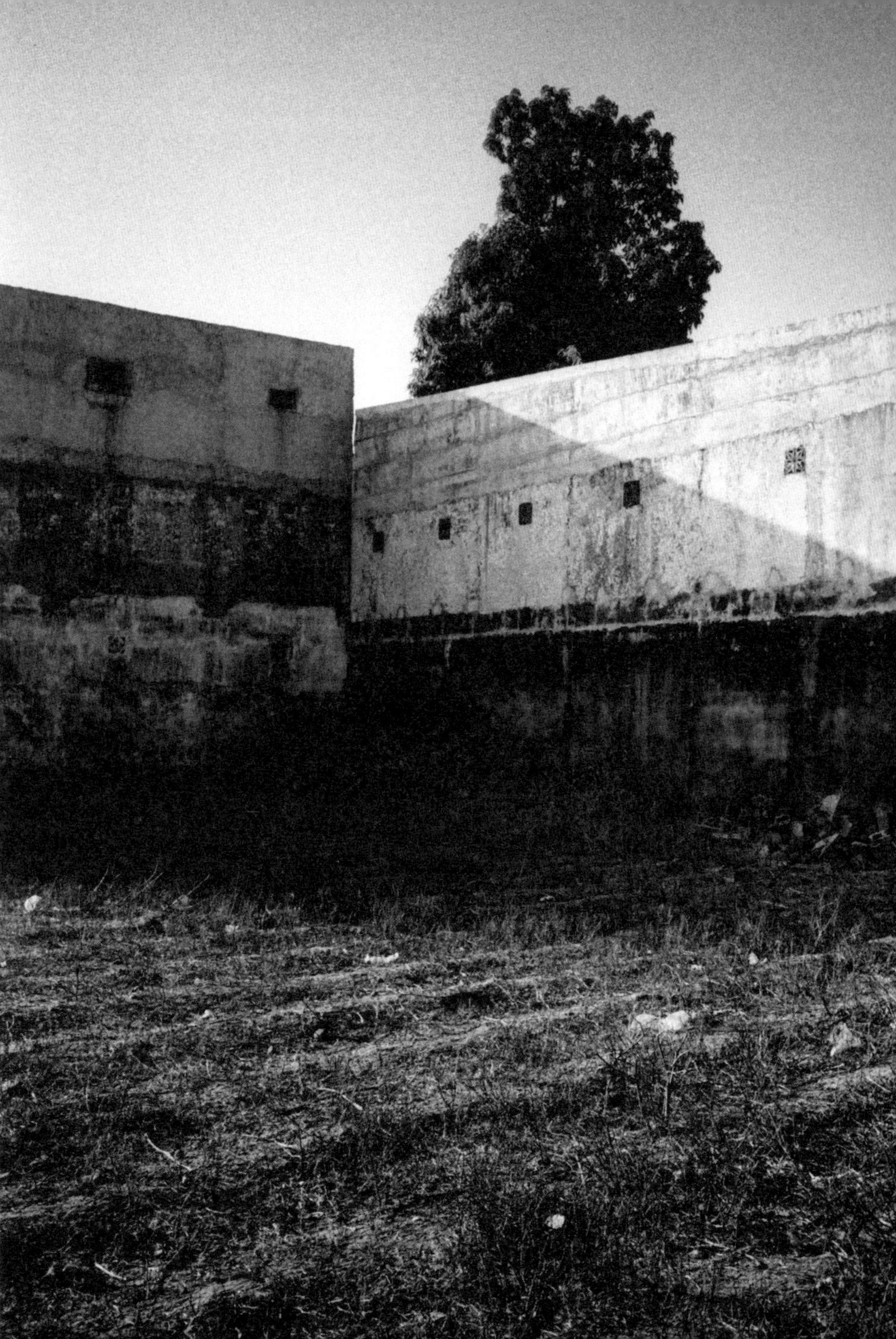

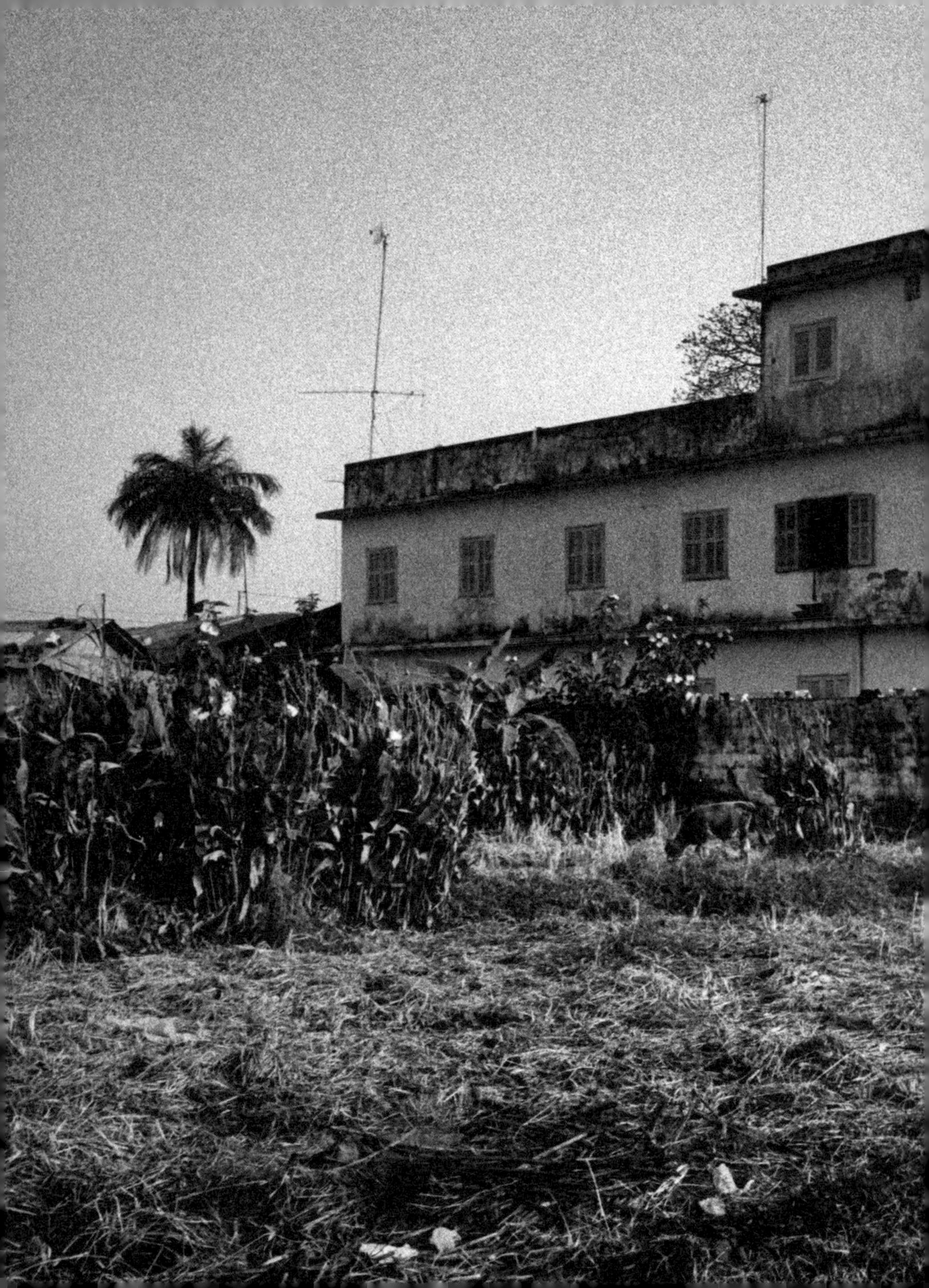

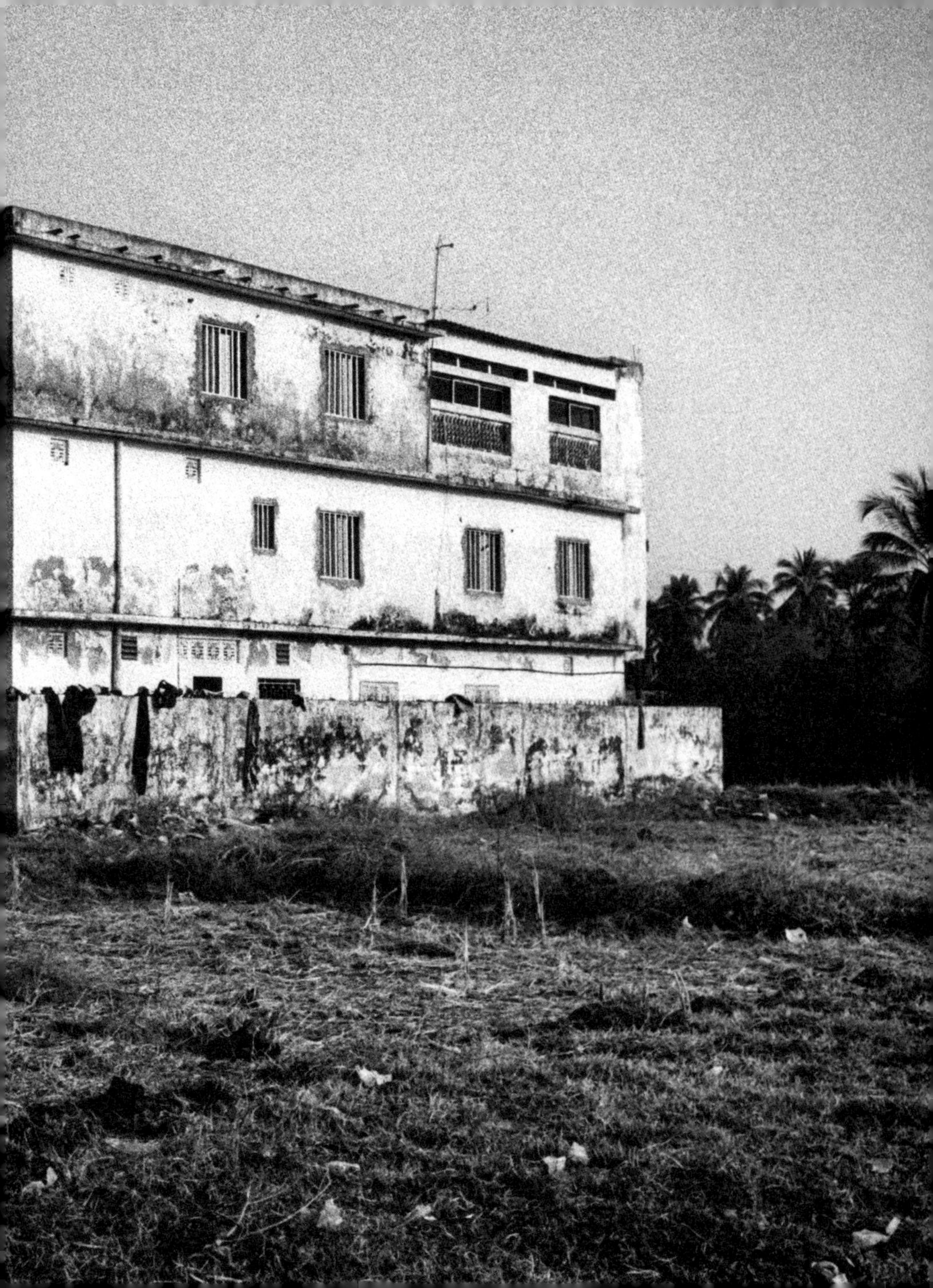

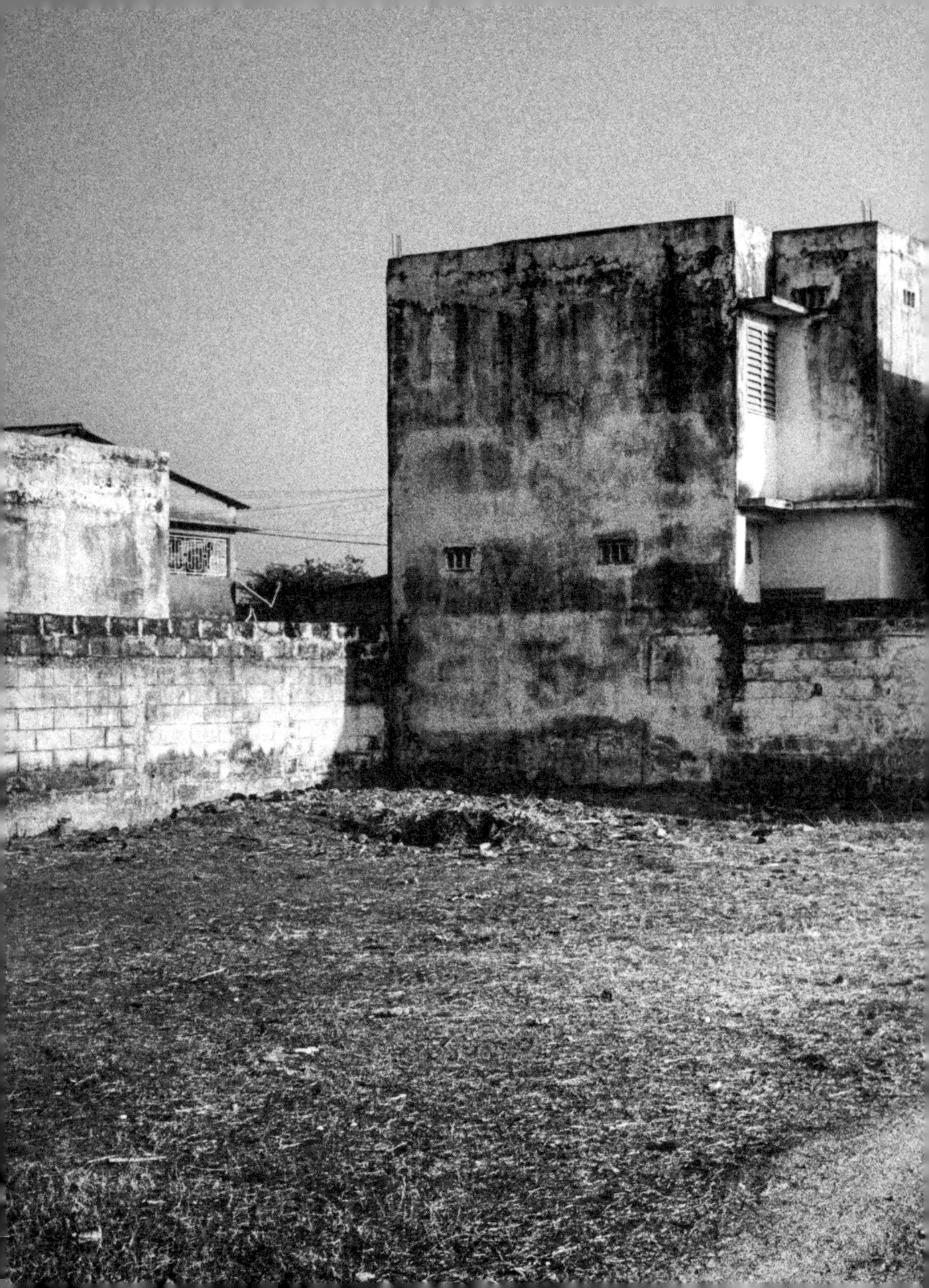

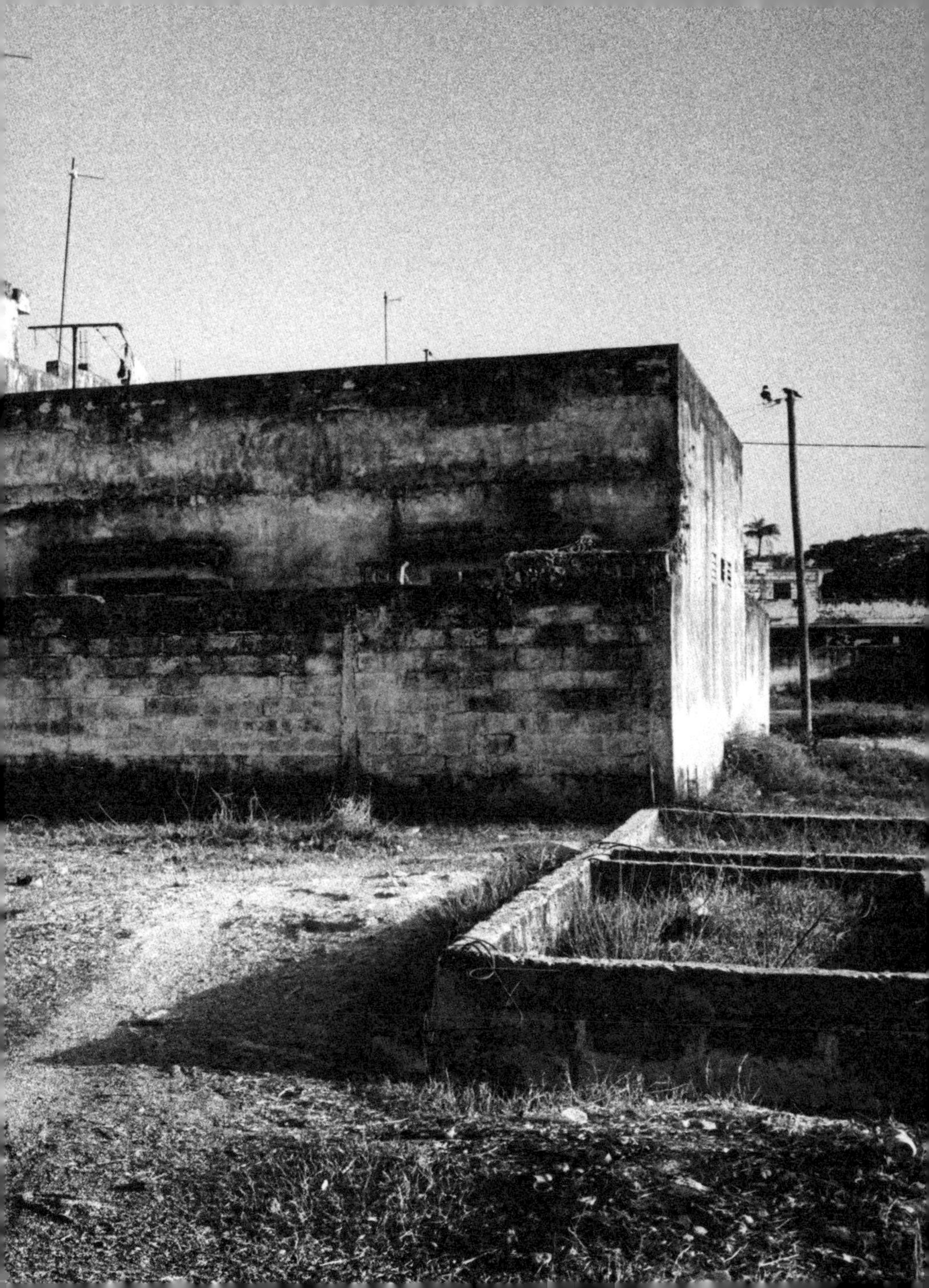

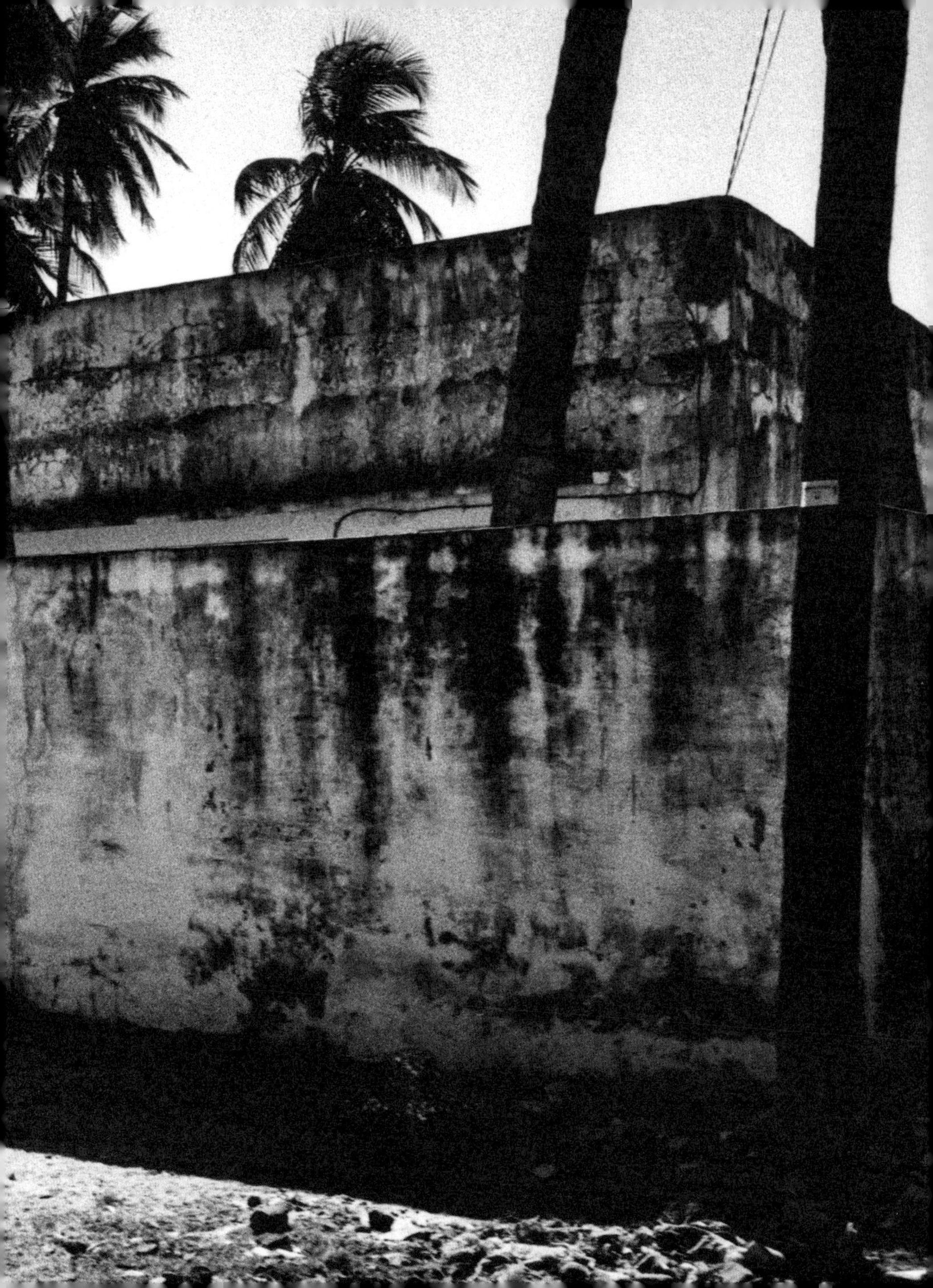

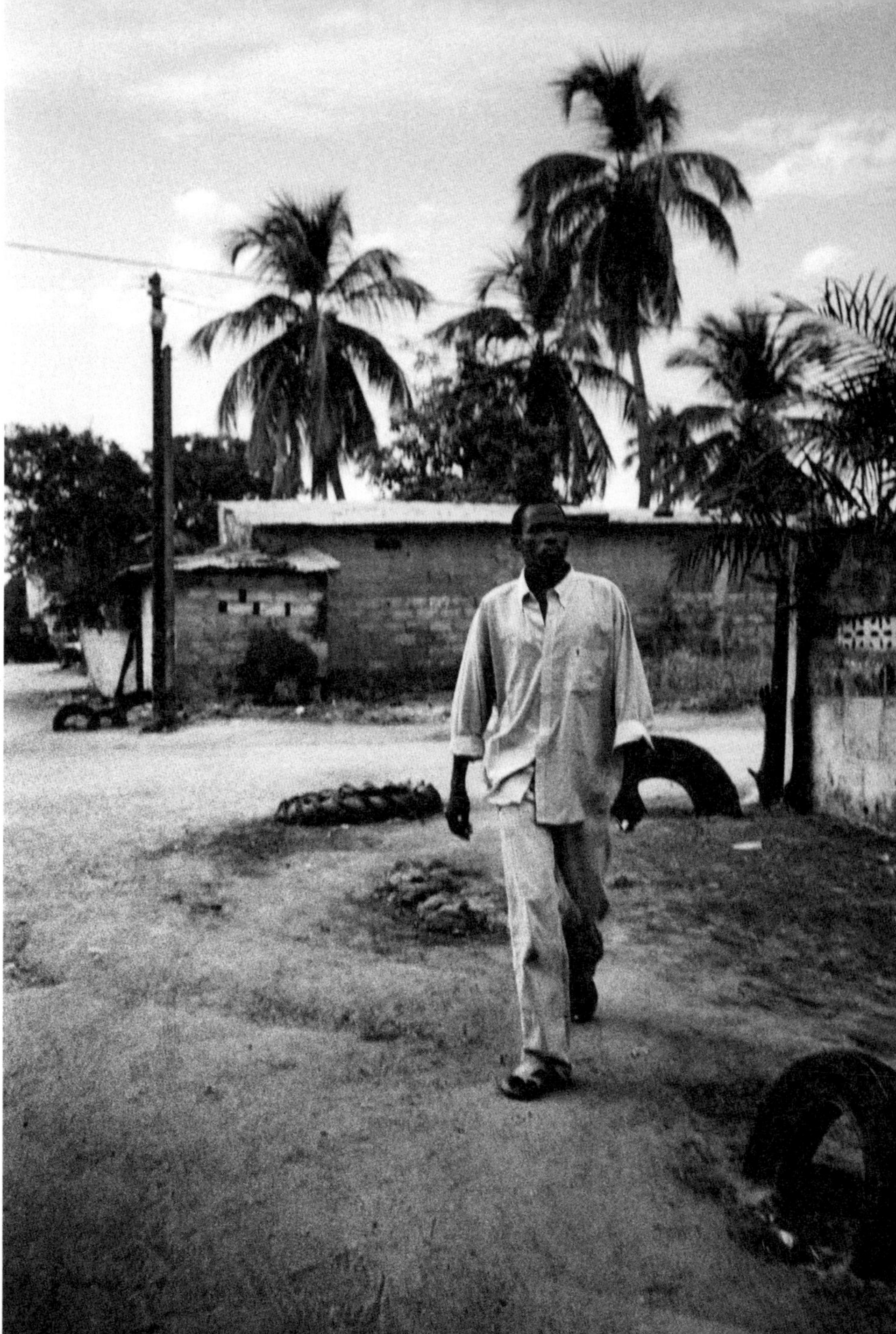

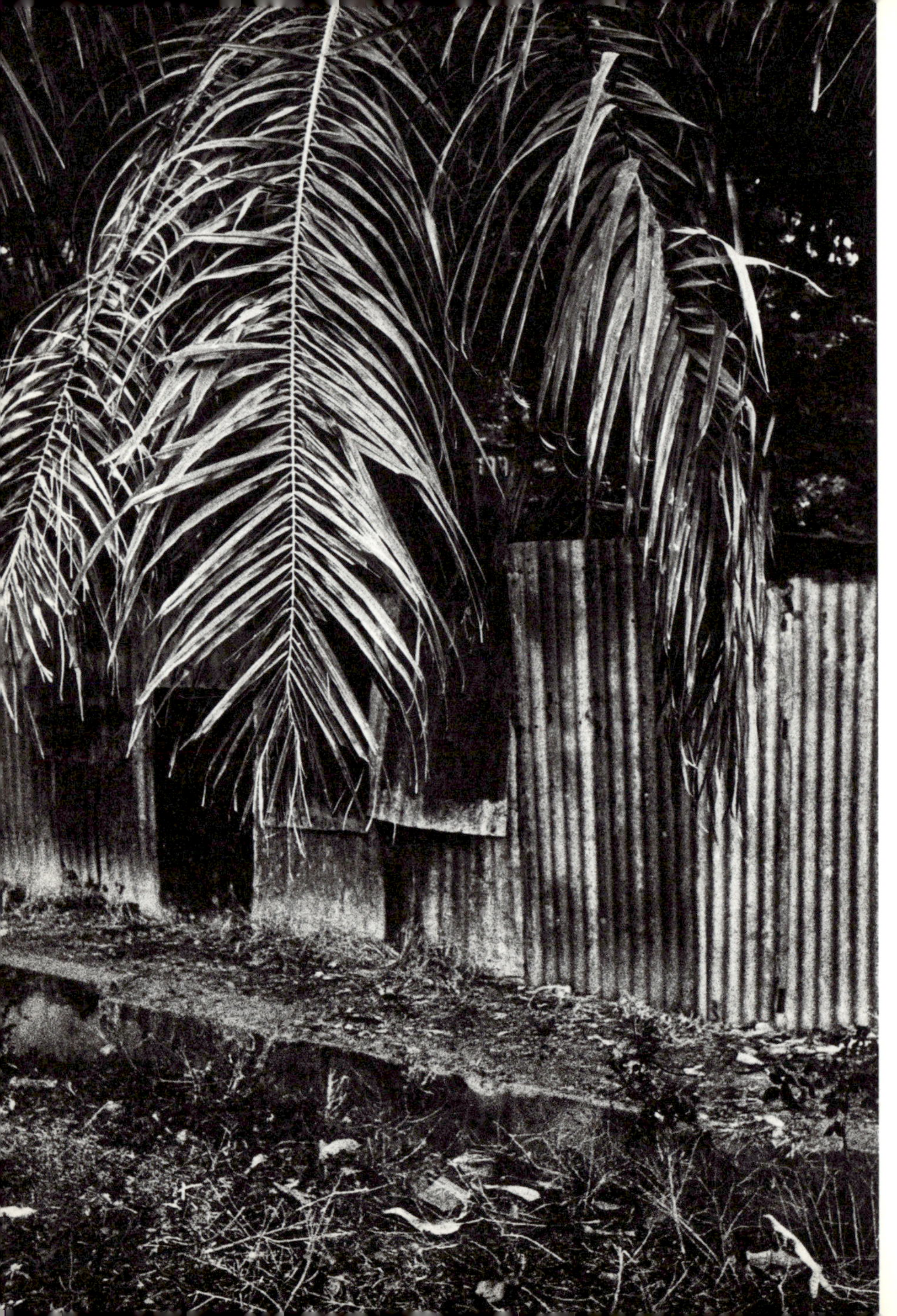

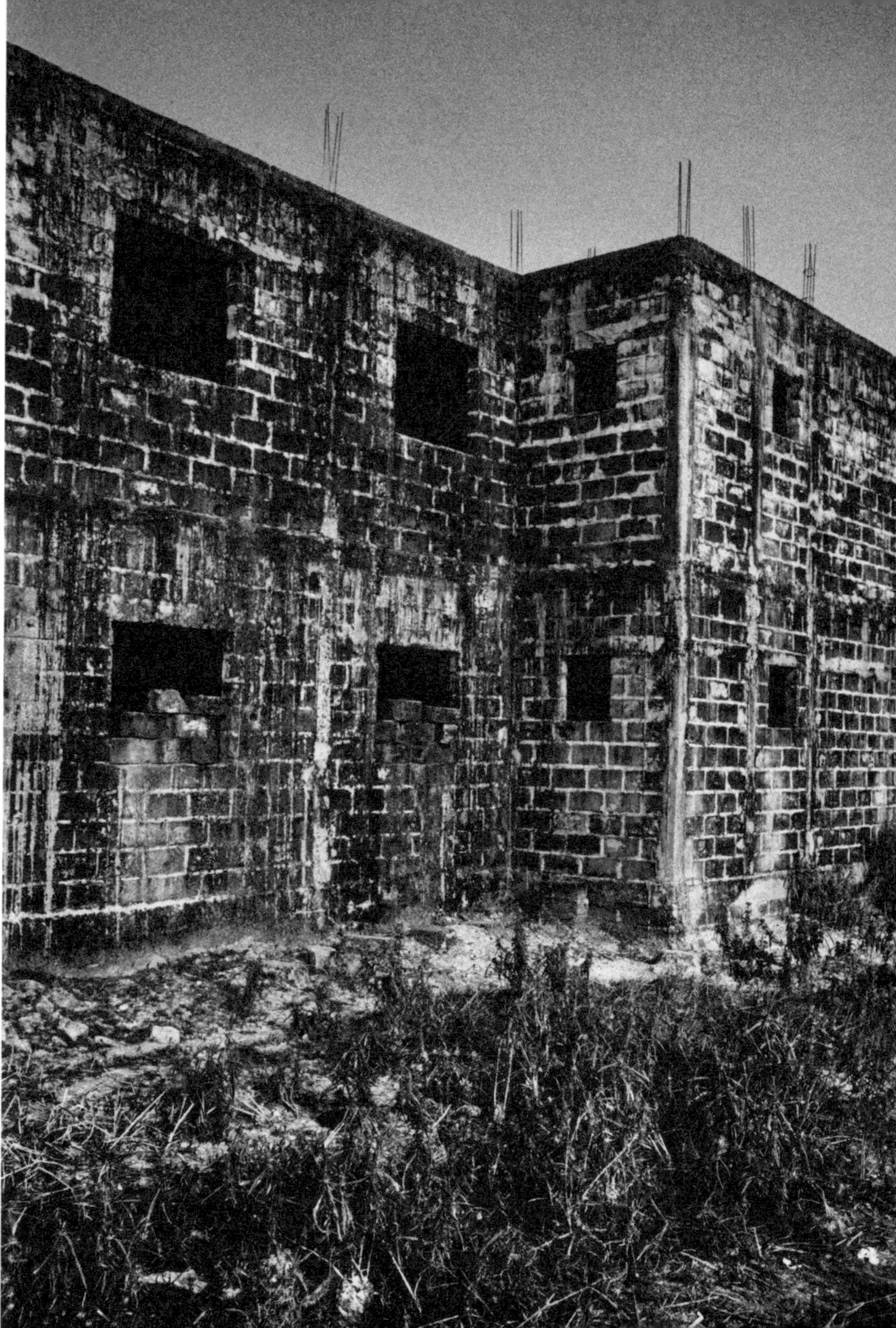

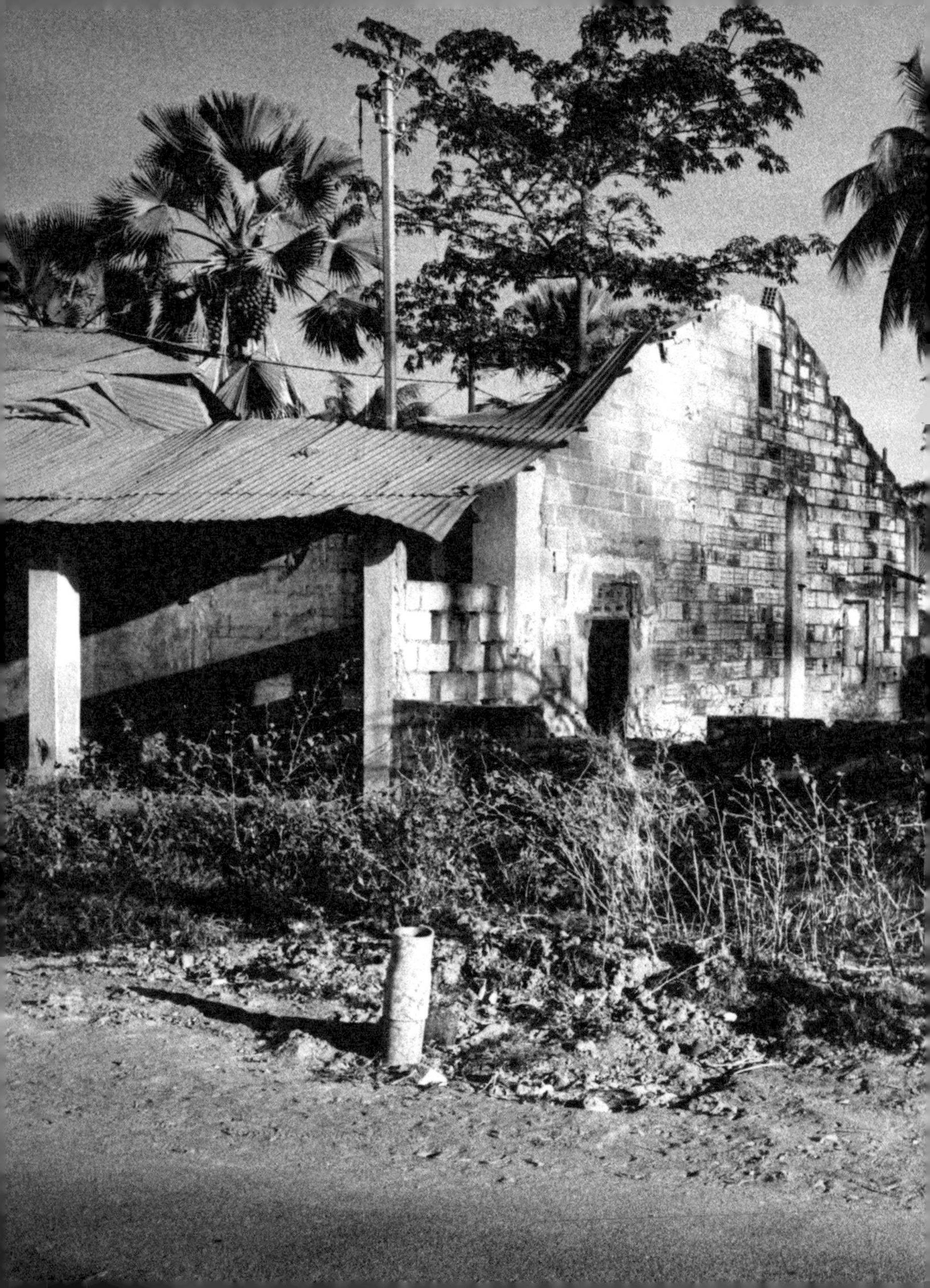

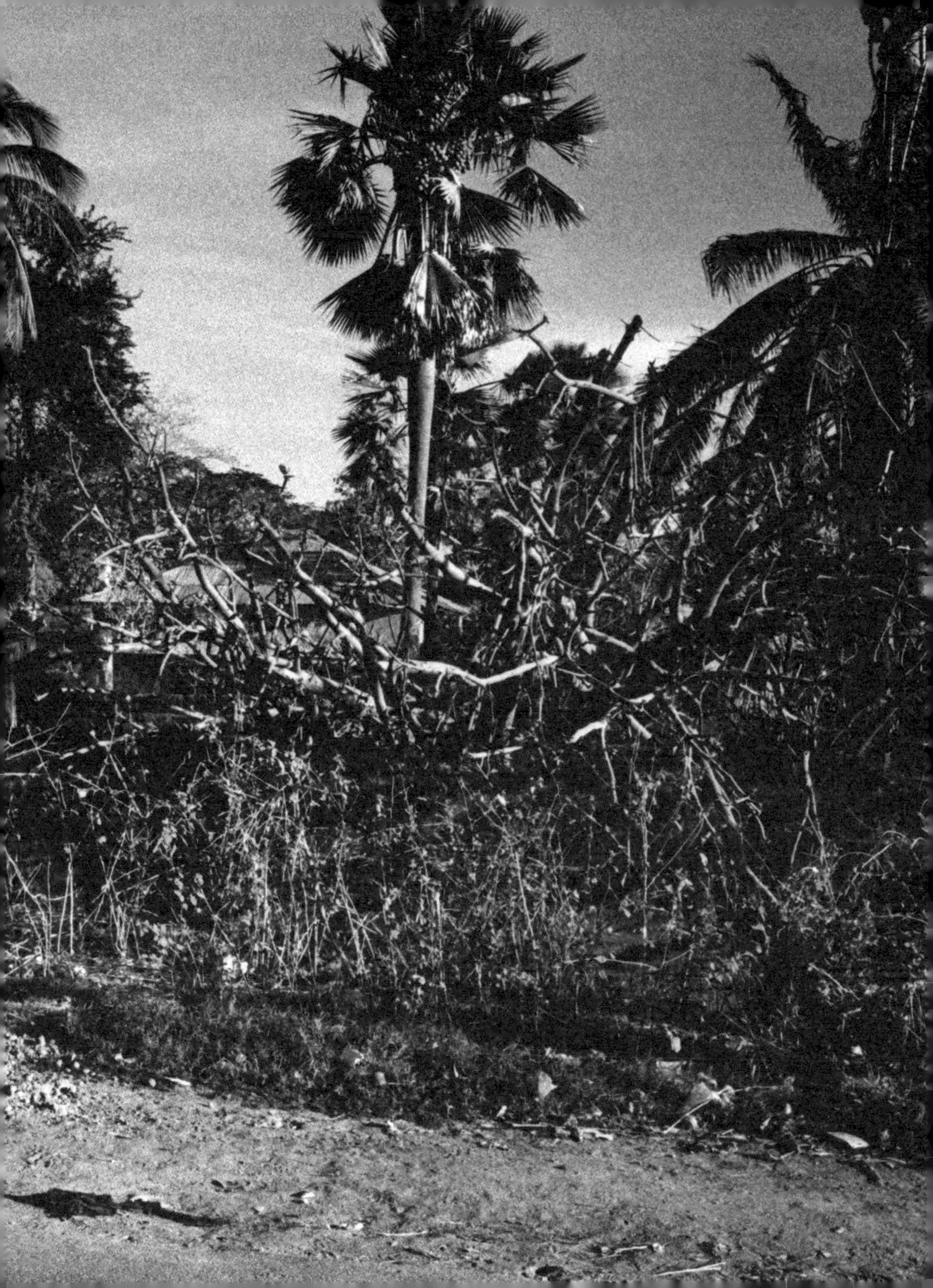

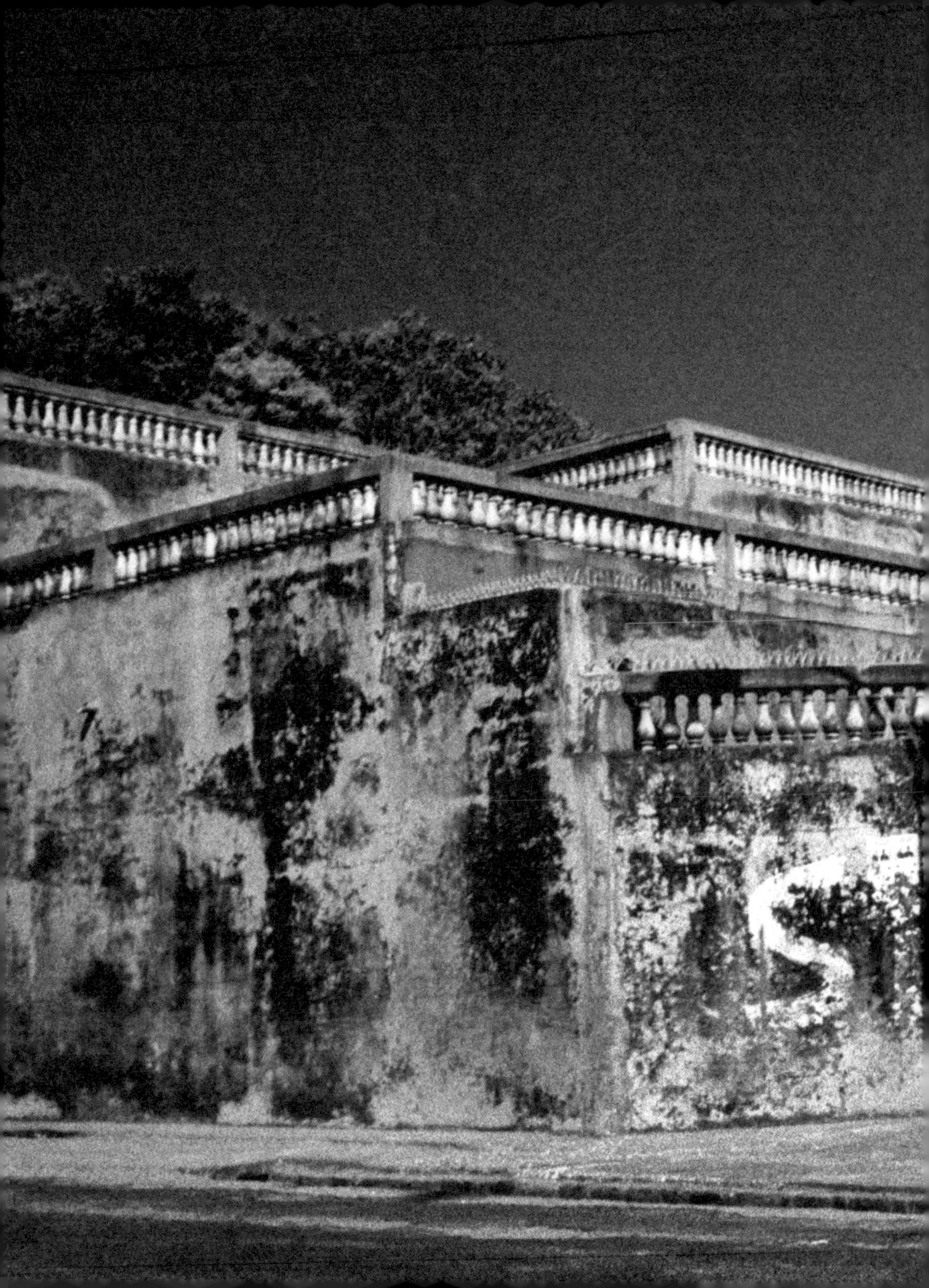

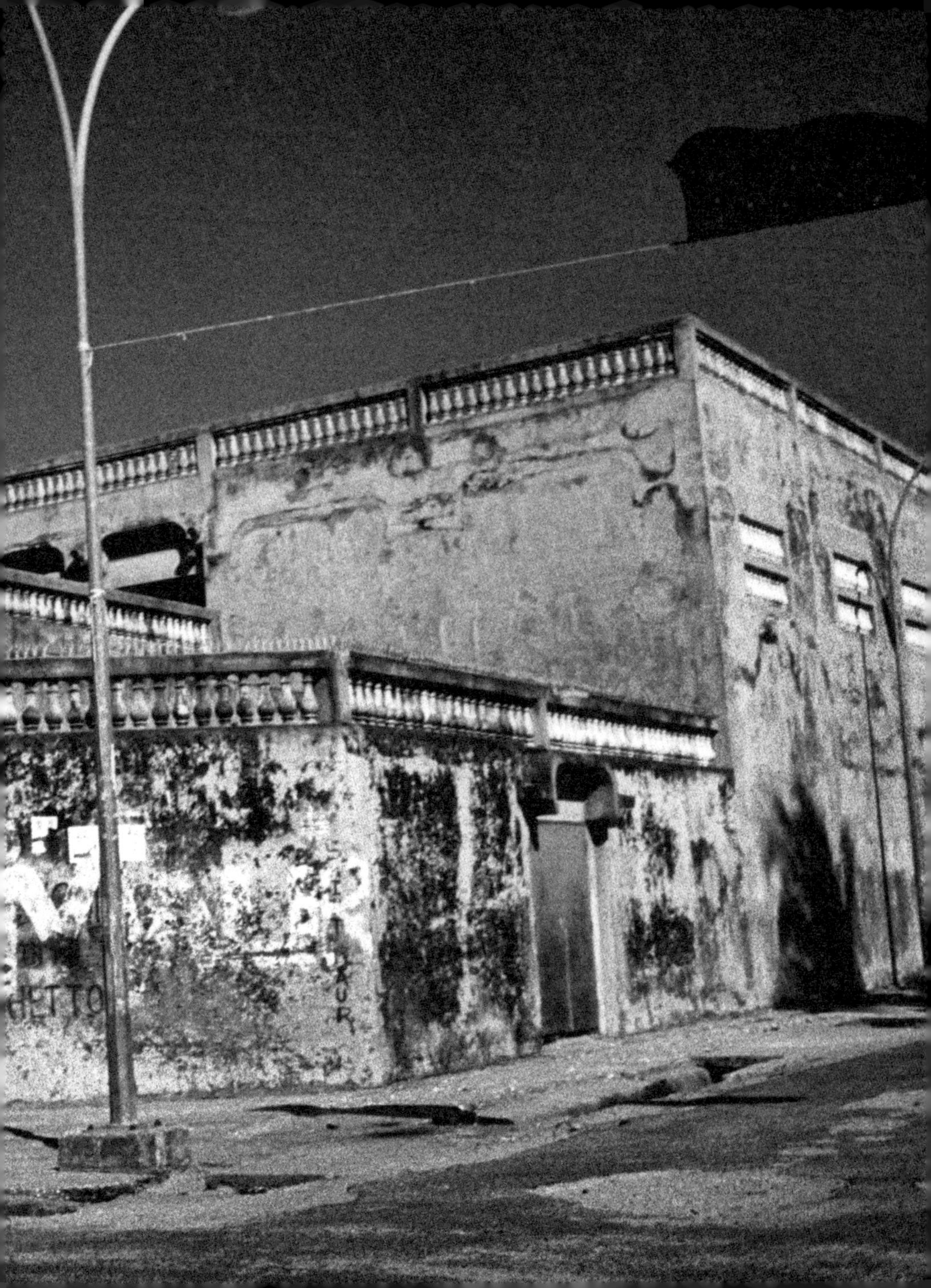
HETTO

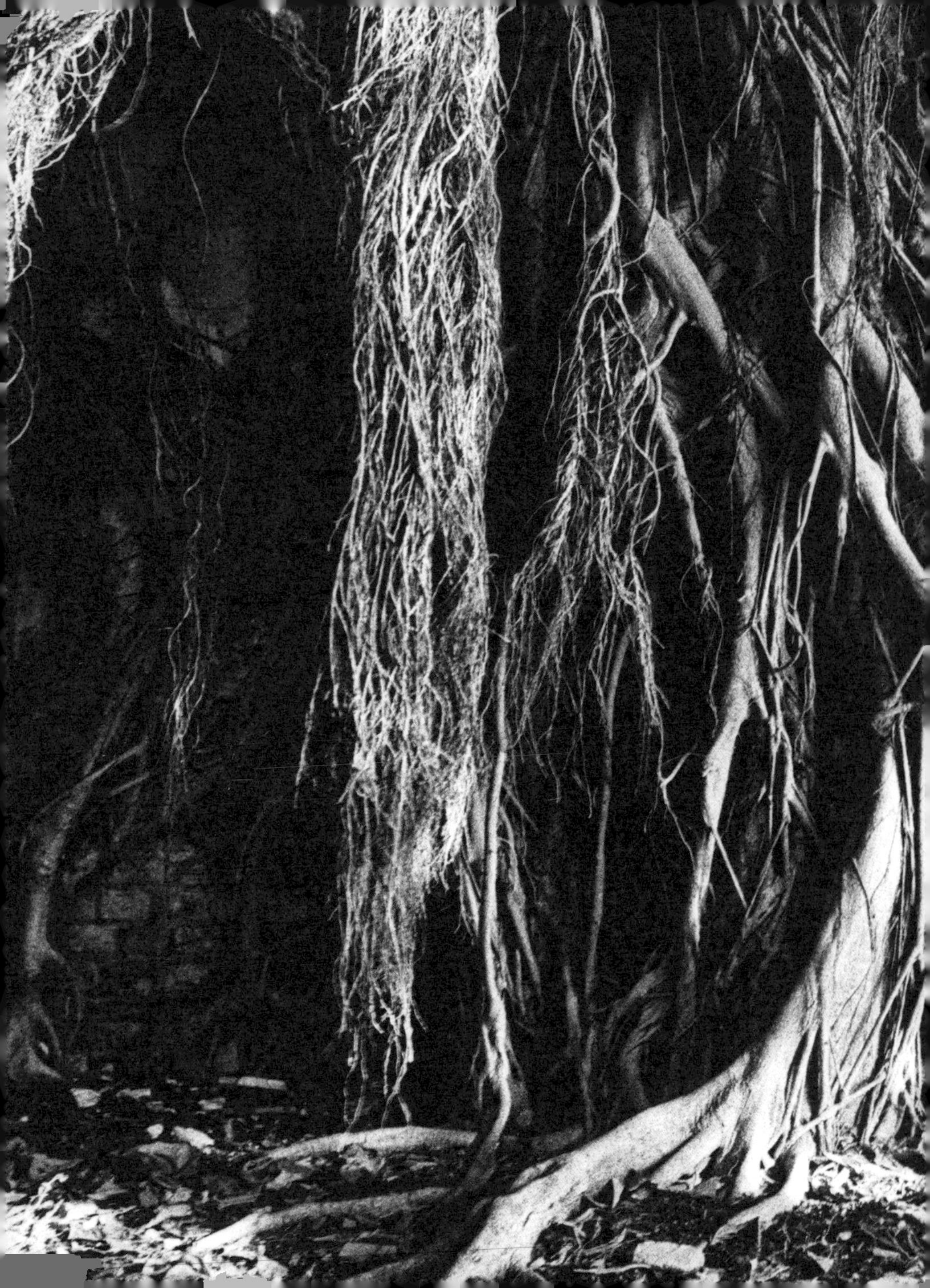

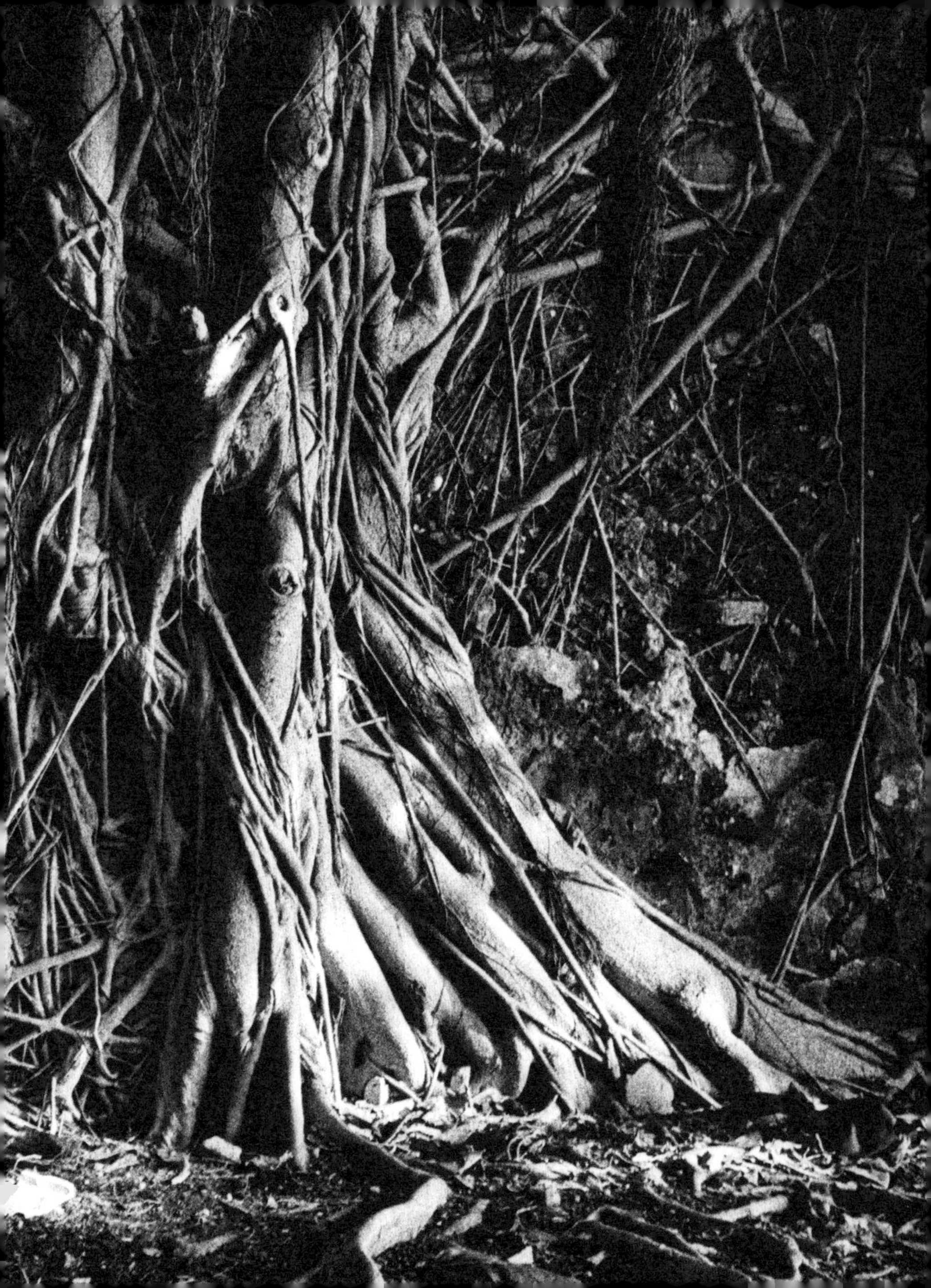

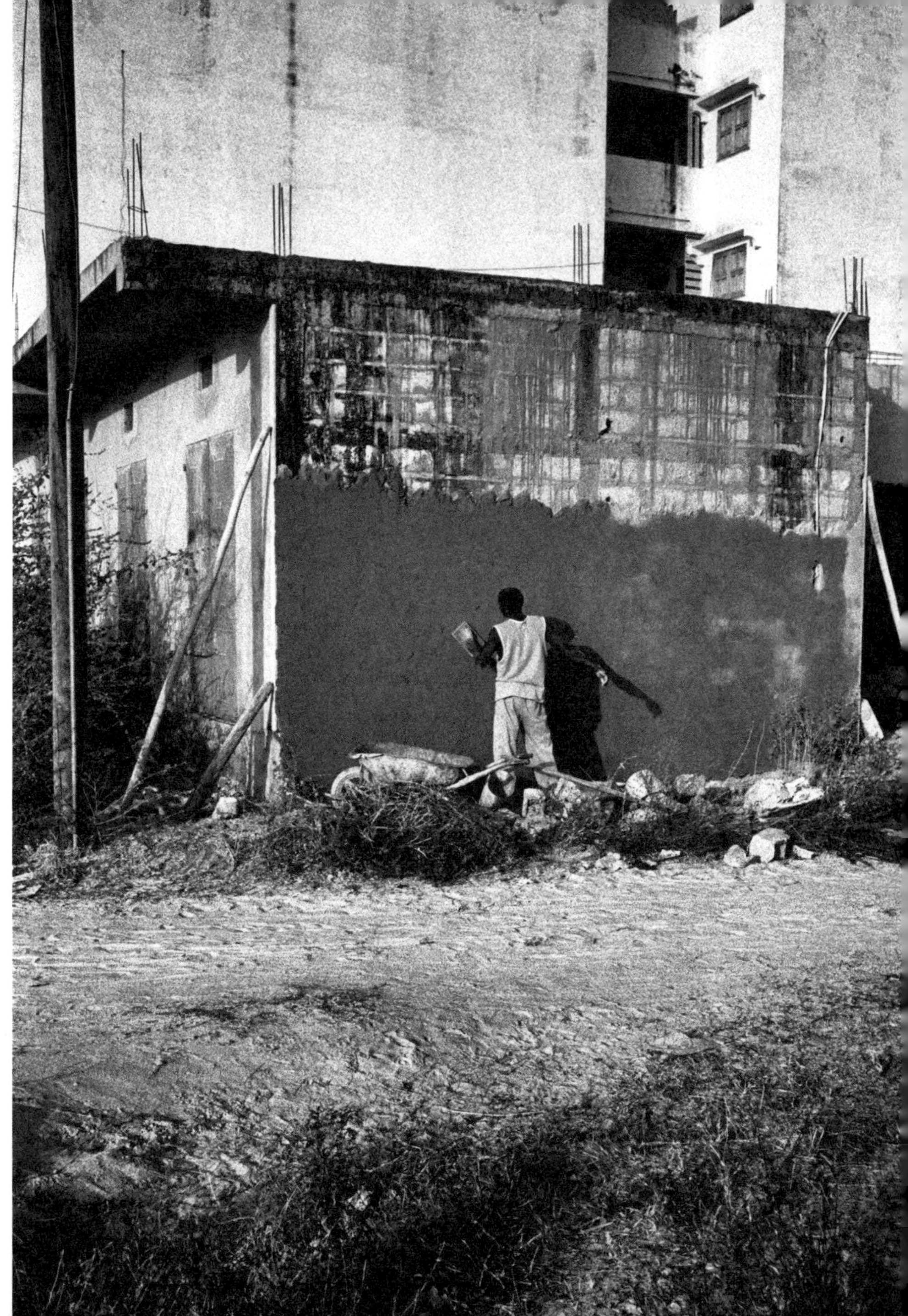

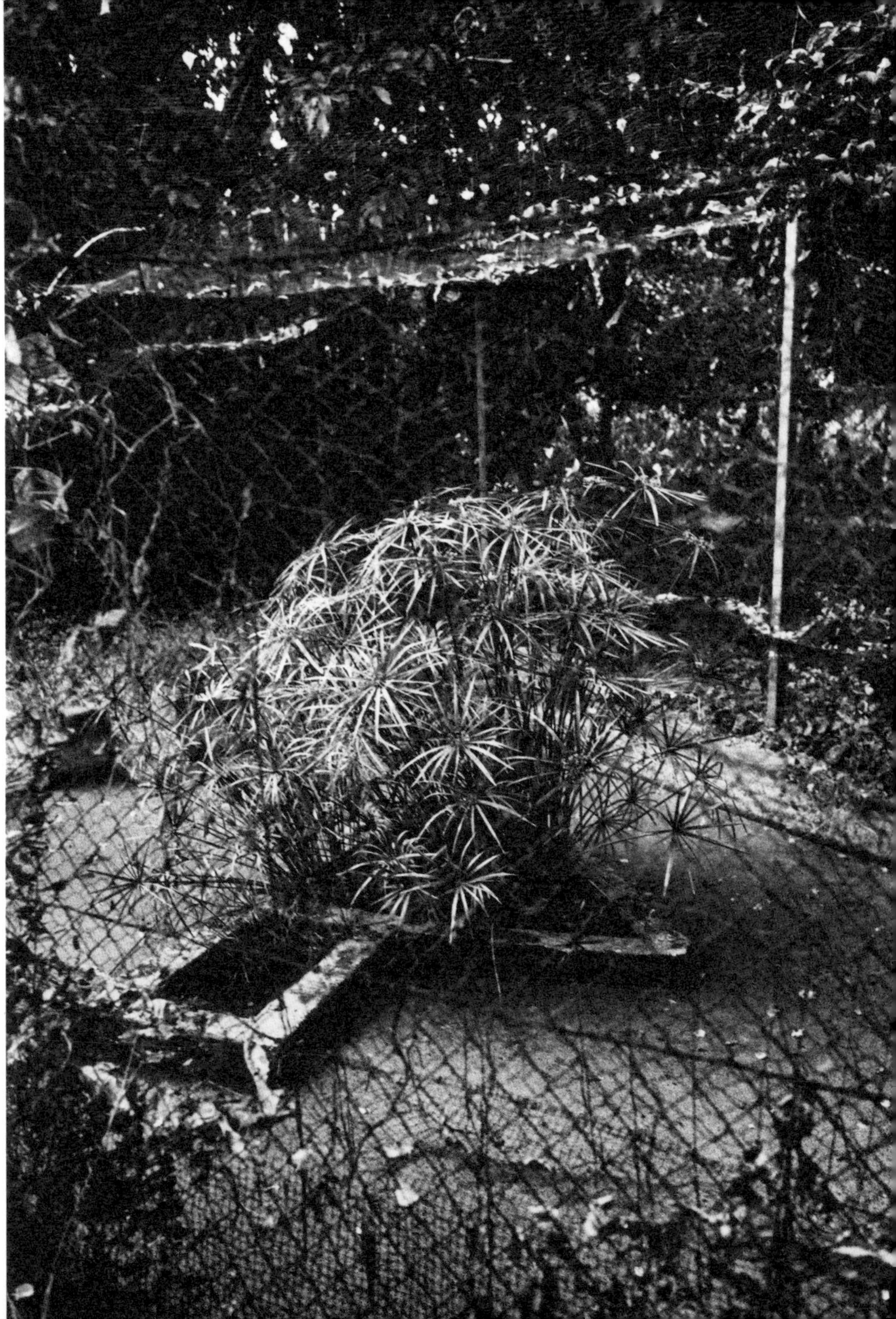

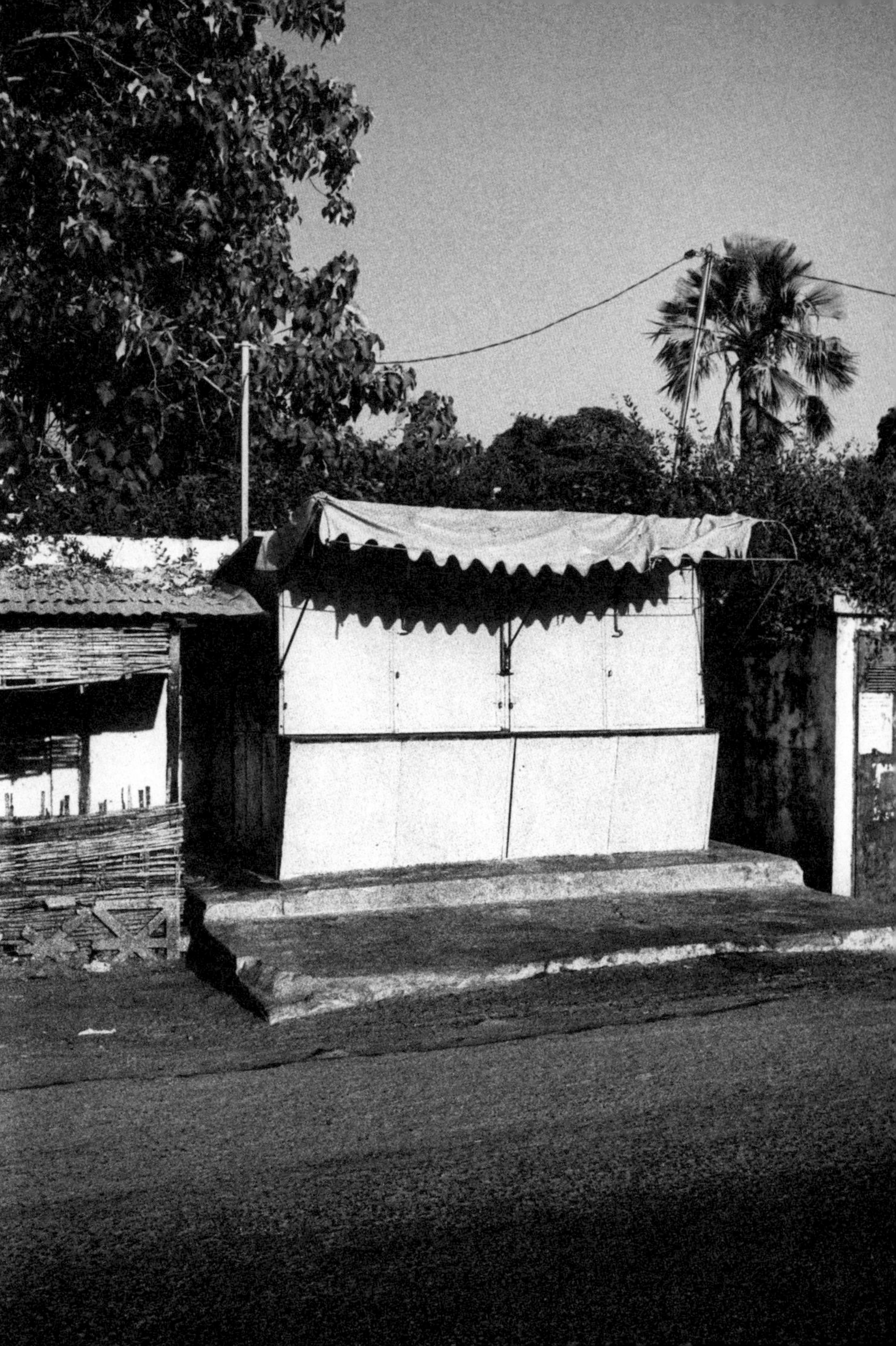

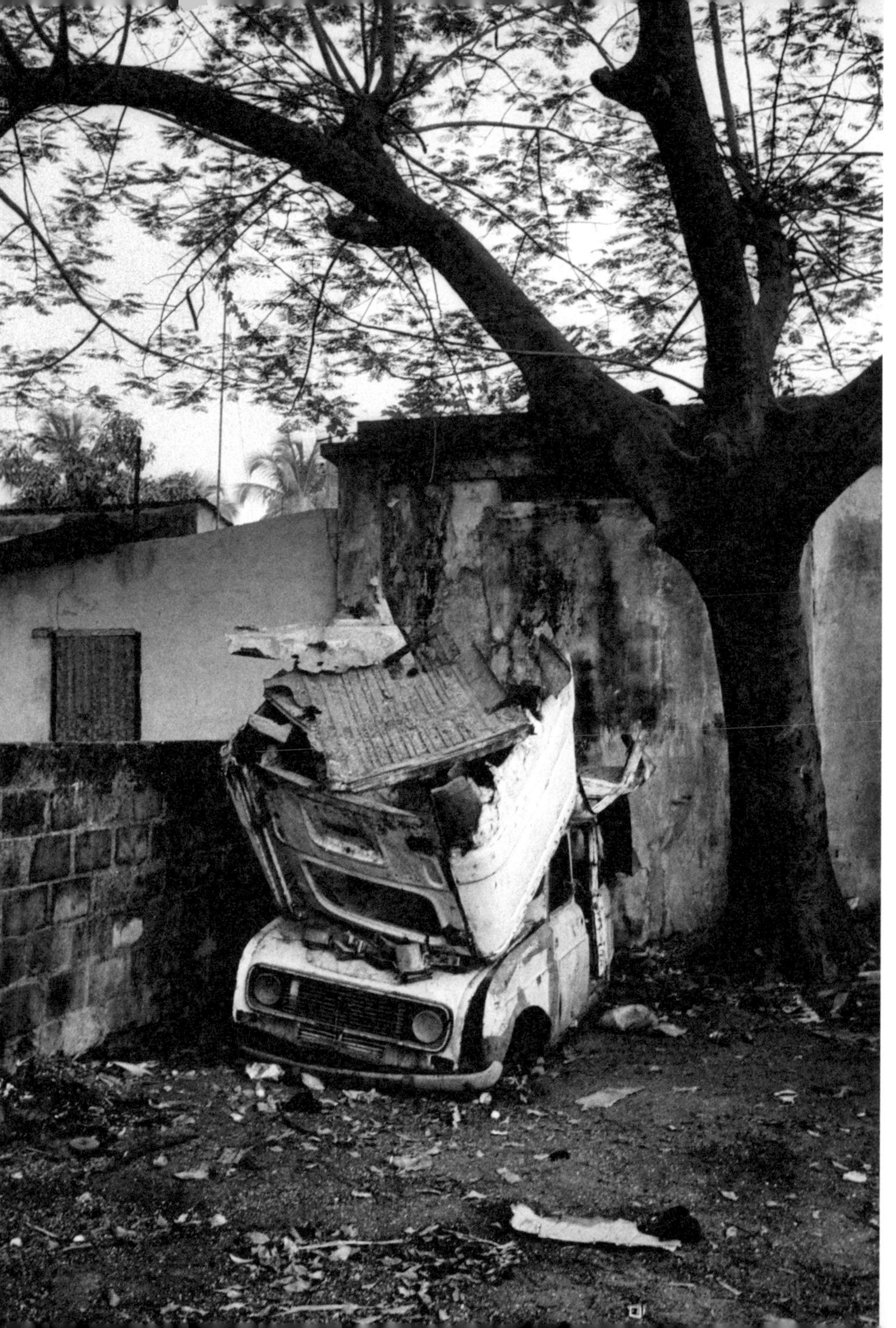

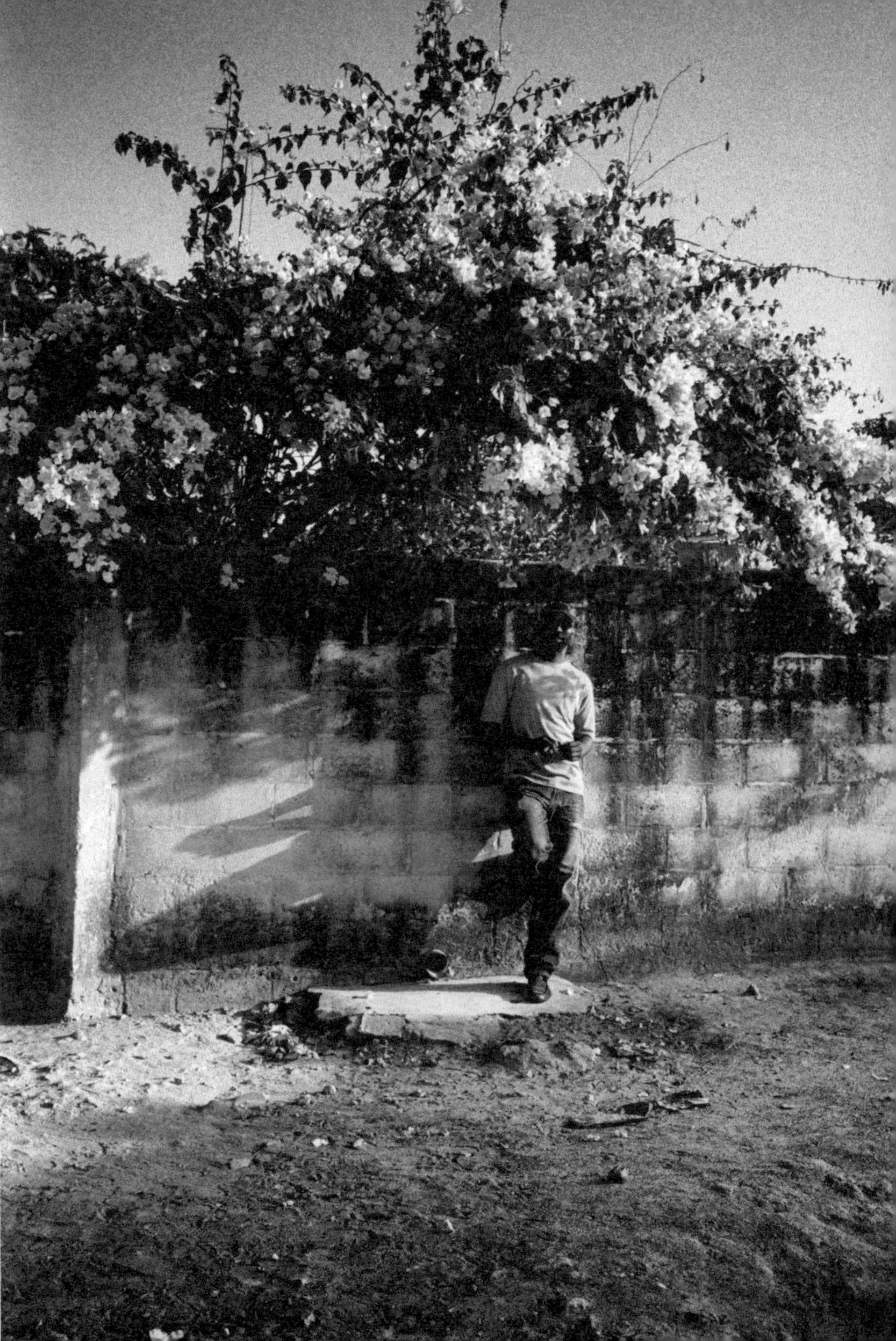

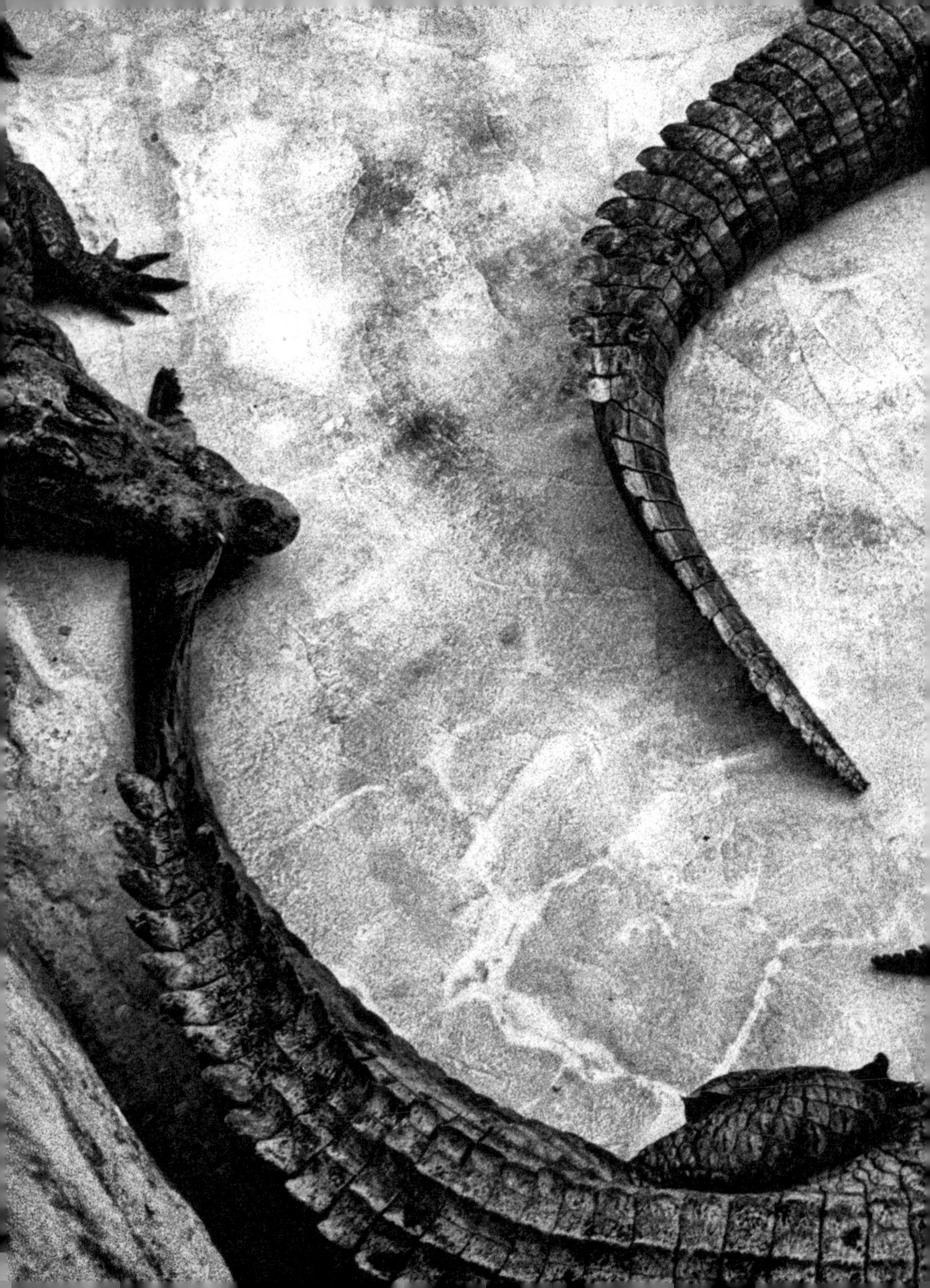

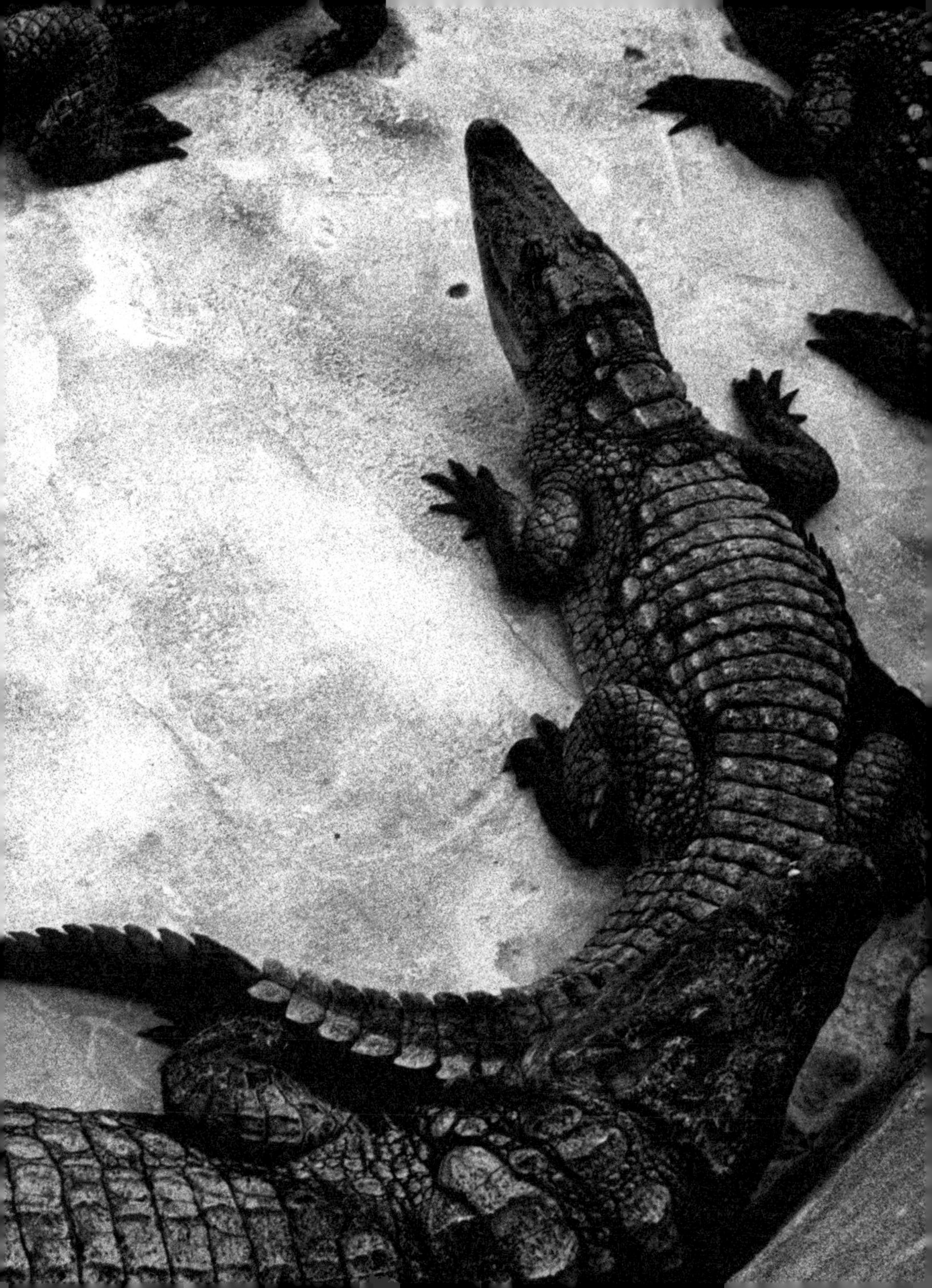

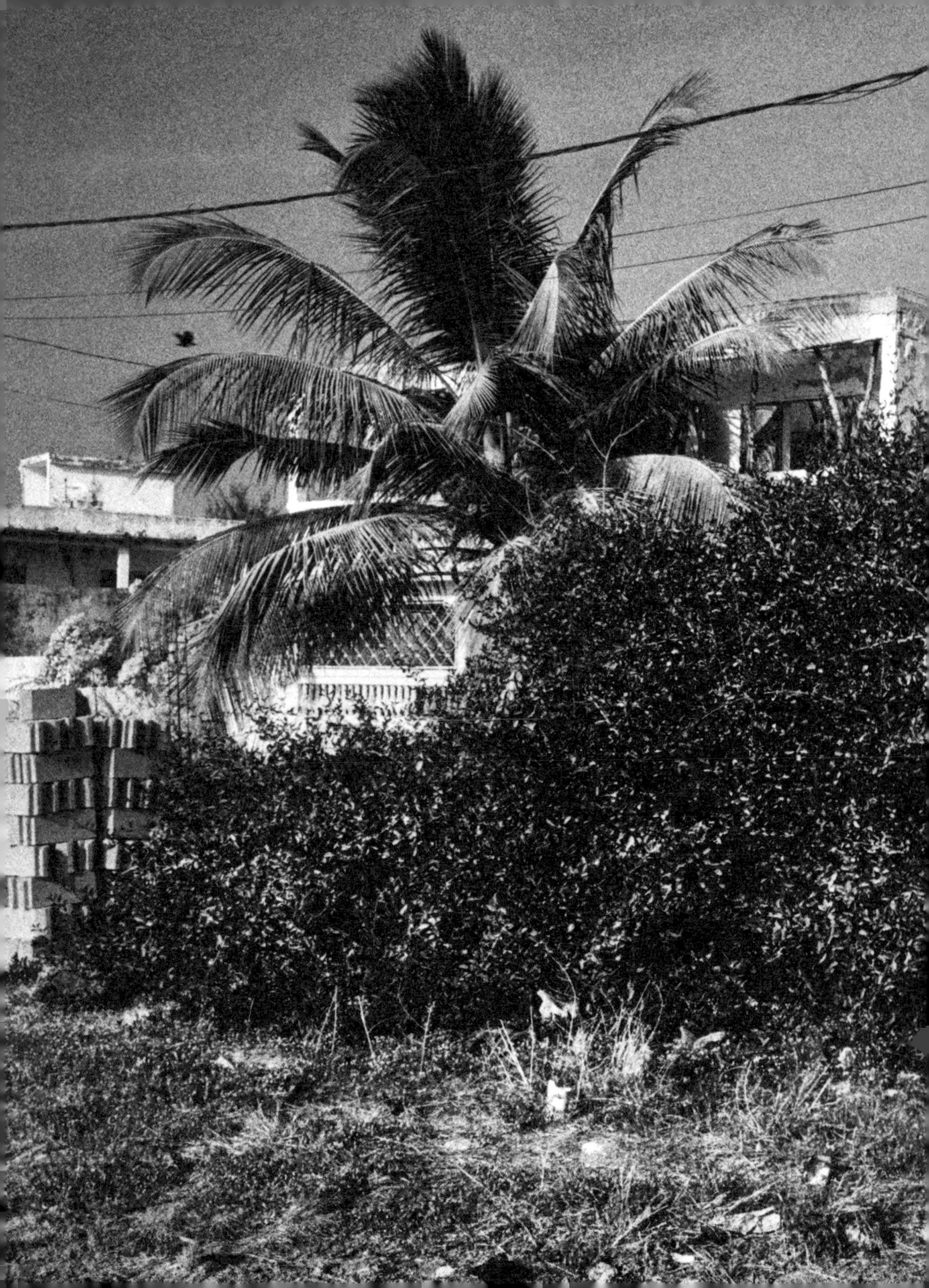

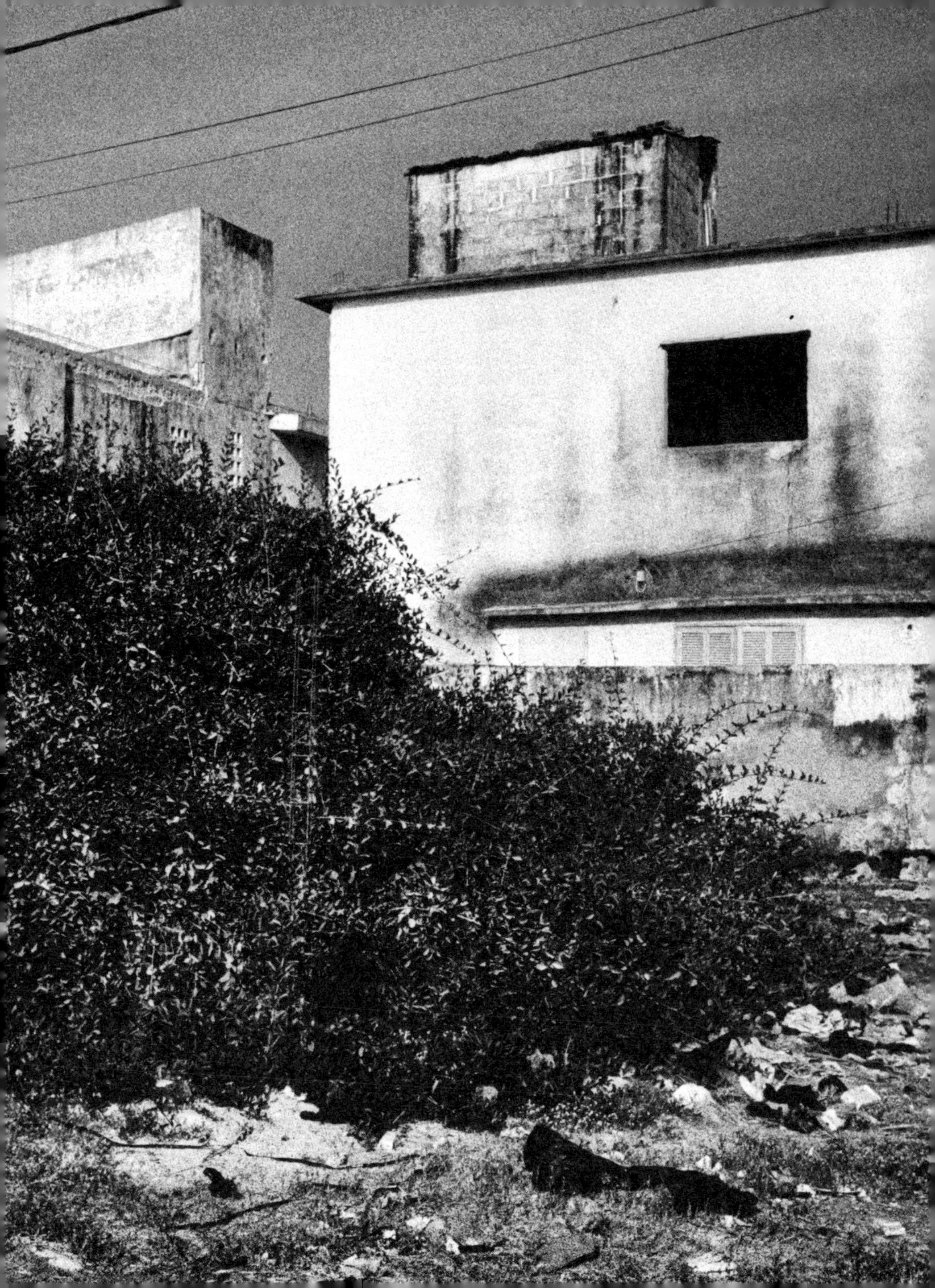

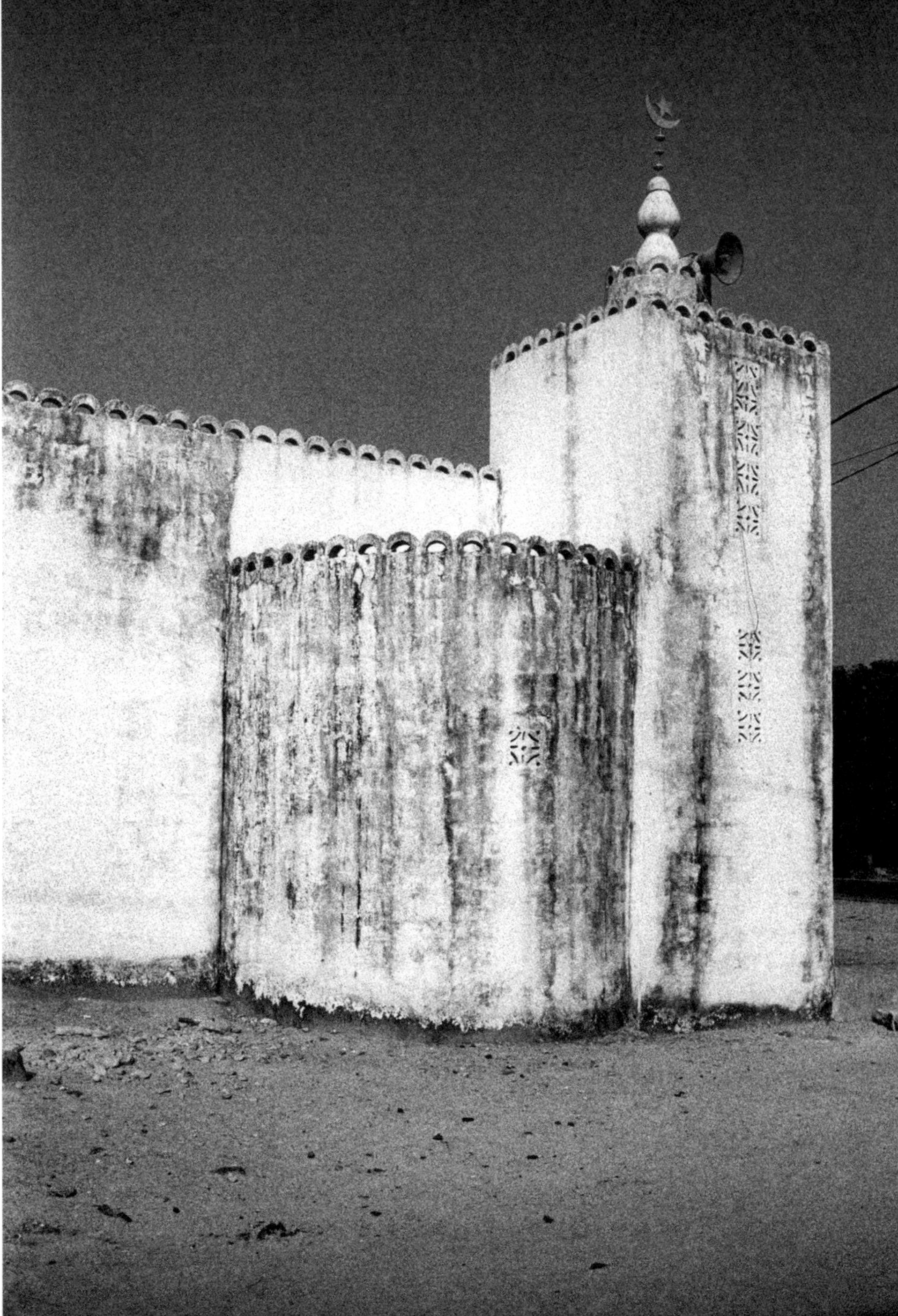

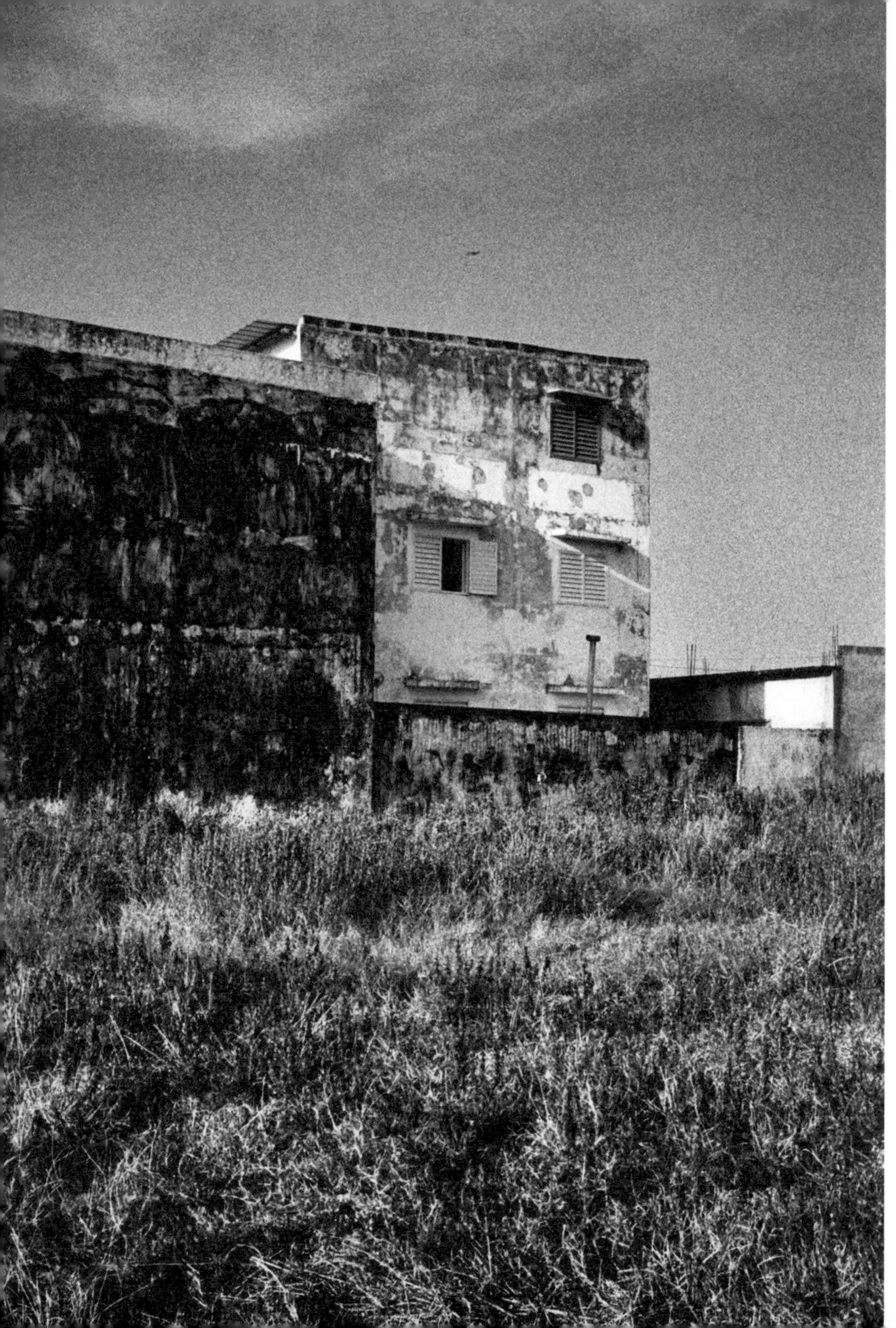

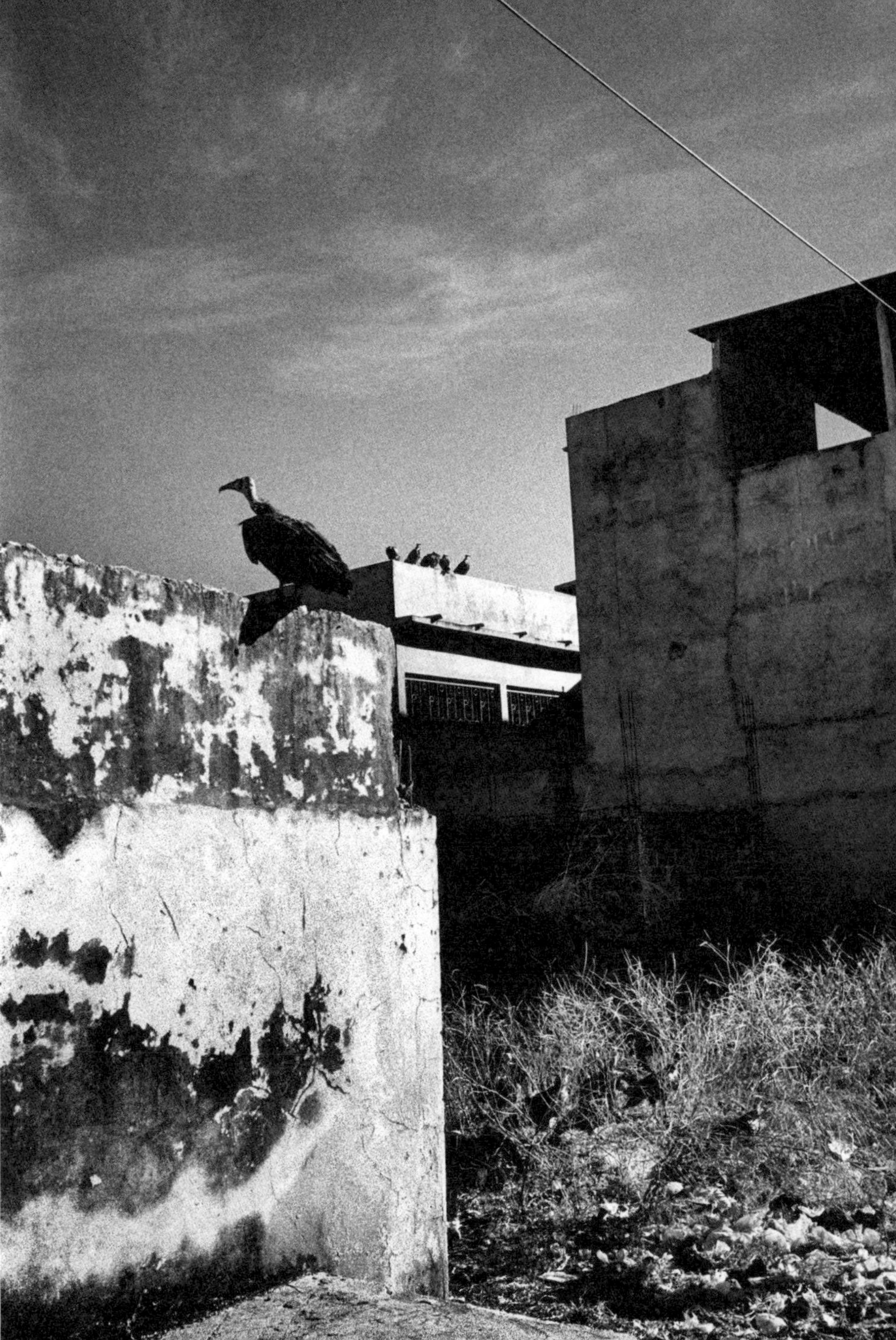

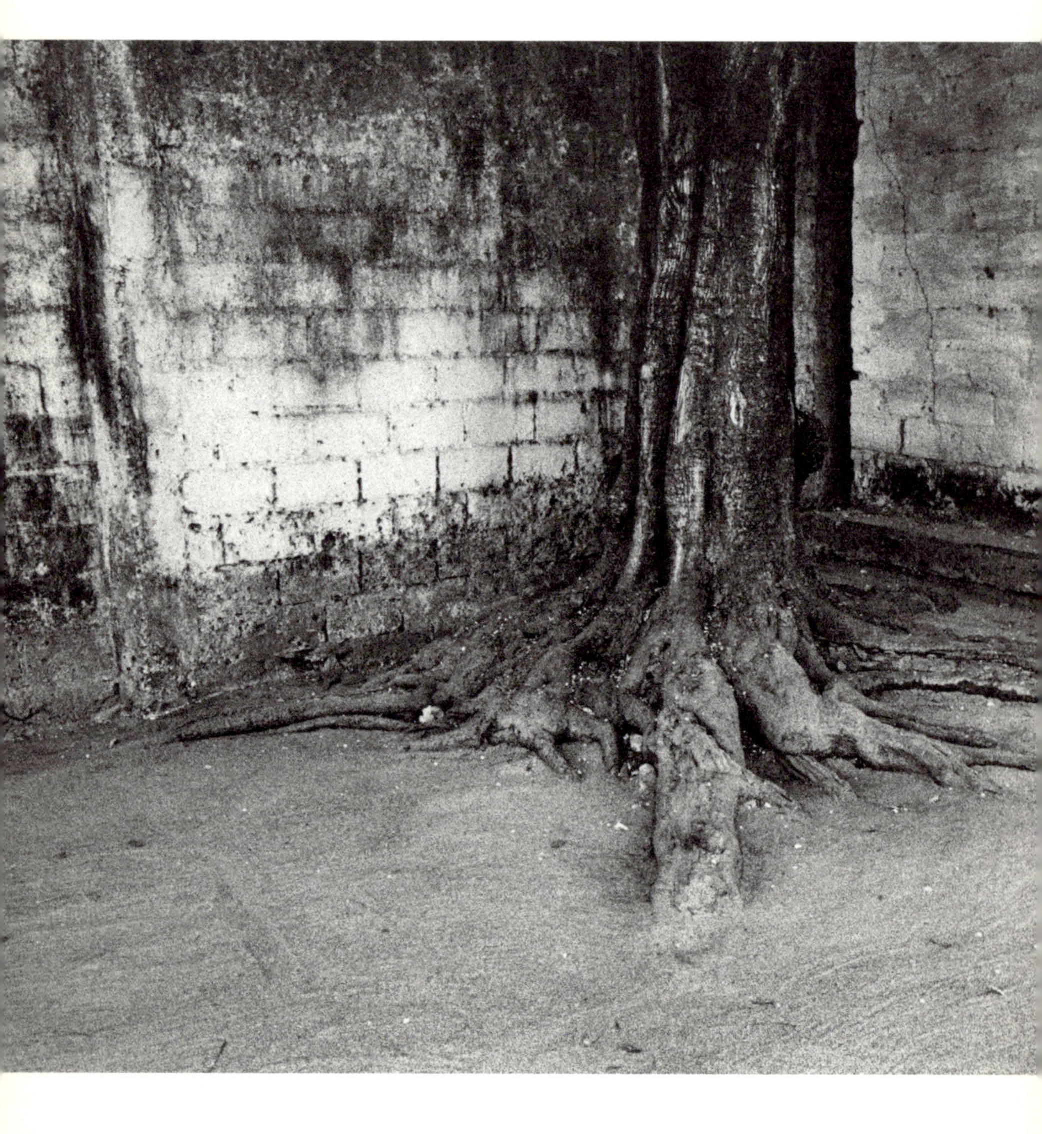